Nathaniel Mandal

CU00695586

Qualitäten der Wahrnehmung

Lockes Unterscheidung zwischen Qualitäten primäre͙   ... ... und Berkeleys
Immaterialismuseinwand

GRIN - Verlag für akademische Texte

Der GRIN Verlag mit Sitz in München hat sich seit der Gründung im Jahr 1998 auf die
Veröffentlichung akademischer Texte spezialisiert.

Die Verlagswebseite www.grin.com ist für Studenten, Hochschullehrer und andere Akade-
miker die ideale Plattform, ihre Fachtexte, Studienarbeiten, Abschlussarbeiten oder Disser-
tationen einem breiten Publikum zu präsentieren.

Dokument Nr. V147945 aus dem GRIN Verlagsprogramm

Nathaniel Mandal

Qualitäten der Wahrnehmung

Lockes Unterscheidung zwischen Qualitäten primärer und sekundärer Art und Berkeleys Immaterialismuseinwand

GRIN Verlag

Bibliografische Information der Deutschen Nationalbibliothek: Die Deutsche Bibliothek
verzeichnet diese Publikation in der Deutschen Nationalbibliografie; detaillierte bibliografische Daten sind im Internet über http://dnb.d-nb.de/ abrufbar.

1. Auflage 2008
Copyright © 2008 GRIN Verlag
http://www.grin.com/
Druck und Bindung: Books on Demand GmbH, Norderstedt Germany
ISBN 978-3-640-58832-9

Qualitäten der Wahrnehmung

"Wahrnehmen heißt Ideen zu haben". Dieses leicht abgewandelte Diktum des britischen Empirikers John Locke soll am Anfang dieser Arbeit stehen. In ihm liegt, mehr oder weniger deutlich, Lockes Wahrnehmungsphilosophie verborgen. Und so soll er mir als Wegweiser und Richtschnur für diese Arbeit dienen. Über den in Lockes Philosophie so zentralen Begriff der "Idee" wollen wir zu seiner Wahrnehmungskonzeption gelangen. Auf diesem Weg sollen uns folgende Problemstellungen begleiten: Lockes Konzeption von Ideen und Qualitäten, seine hierbei vorgenommene Unterscheidung zwischen primären und sekundären Qualitäten. Meine Arbeit ist wie folgt gegliedert: In einem ersten Schritt werde ich diese Unterscheidung Qualitäten primärer und sekundärer Art erläutern. In einem weiteren Schritt werde ich dann anhand der Philosophie George Berkeleys zu zeigen versuchen, zu welch großen Kontroversen jene Lockesche Konzeption in der Philosophiegeschichte geführt hat. In diesem Zusammenhang werde ich den von Berkeley vorgetragenen Haupteinwand des "Immaterialismus", der sich u.a. als Gegenentwurf zu Lockes Ideenkonzeption verstehen lässt, erläutern. Das Einbeziehen Berkeleys Philosophie scheint mir insbesondere im Zusammenhang einer Arbeit über die Wahrnehmungsphilosophie außerordentlich lohnend, da Berkeley, wie wir in dieser Arbeit sehen werden, der Wahrnehmung einen ungemein hohen Stellenwert beimisst. In diesem Sinne hoffe ich ein halbwegs vollständiges Bild dieser, wie ich finde äußerst interessanten und elementaren Kontroverse zeichnen zu können. Dabei werde ich auch auf einige Gemeinsamkeiten dieser beiden philosophischen Konzeptionen zu sprechen kommen. Für dieses Vorhaben sollen mir hauptsächlich die zwei folgenden philosophischen Abhandlungen Lockes und Berkeleys als Primärquelle dienen: 1. John Locke: *Ein Versuch über den menschlichen Verstand (1690)*, 2. George Berkeley: *Eine Abhandlung über die Prinzipien der menschlichen Erkenntnis (1710)*. Da ich mich jedoch in meiner Hausarbeit nicht nur auf die bloße Darstellung dieser beiden Positionen beschränken möchte, werde ich auf deren Grundlage in einem letzten, etwas kürzer gehaltenen Abschnitt abschließend versuchen, in eigener Stellungnahme auf diese Kontroverse kommentierend einzugehen!

Dies soll im Groben die Vorgehensweise sein, beginnen wir also!

1) Ideen und primäre (objektive) bzw. sekundäre (subjektive) Qualitäten

Welchen Stellenwert die Ideen in Lockes Philosophie für die Wahrnehmung haben, ist aus dem eingangs erwähnten Zitat sicherlich sehr deutlich geworden. Nach Locke verfügt der Mensch lediglich über zwei Quellen, aus denen er schöpfen kann um Ideen zu erlangen. Die eine bezeichnet er als "Sensation", die andere als "Reflexion".[1] Die Sensation, ist die Sinneswahrnehmung, durch die wir der "Gegenstände der Außenwelt" gewahr werden. Reflexion hingegen steht für eine Art "inneren Sinn" und beschreibt den Vollzug von geistigen Tätigkeiten oder "Operationen des Geistes"[2], wie Locke es formuliert.

Locke ist von dieser Einteilung äußerst überzeugt und verteidigt wiederholt ihre uneingeschränkte Gültigkeit. Alle Ideen, über die der Mensch verfügt, stammen entweder aus Sensation oder Reflexion. Die Reflexion spielt auch bei Lockes Beschreibung des Wahrnehmungsbegriffs eine wesentliche Rolle, wenn er sagt: "Die Wahrnehmung ist einerseits die erste Fähigkeit des mit unseren Ideen beschäftigten Geistes und andererseits die erste und einfachste Idee, die wir durch Reflexion gewinnen."[3] Auch verdeutlicht folgende Bemerkung von Locke erneut die enge Verknüpfung zwischen Ideen und Wahrnehmung: "Die äußeren Objekte versehen den Geist mit den Ideen der sinnlich wahrnehmbaren Qualitäten..., der Geist versieht den Verstand mit Ideen seiner eigenen Operationen."[4] Dieses Zitat führt uns gleichsam zu dem weiteren, wesentlichen Begriff um den es uns in dieser Arbeit gehen soll- dem der *Qualität*. Locke führt diesen Begriff gewissermaßen als Ergänzung zu dem Begriff der Idee ein. Das theoretische Verständnis dieser Begriffe bzw. die Reflexion über deren Verschiedenheit erfüllen folgende wichtige Funktion: Das Vorbeugen der Gefahr die Gegenstände mit den Ideen, die man von ihnen hat gleichzusetzen. "In den Körpern selbst existiert nichts, was unsern Ideen gliche"[5], schreibt Locke. Die Begriffe "Idee" und "Qualität" definiert Locke folgendermaßen: Eine Idee ist für Locke all das, "was der Geist in sich selbst wahrnimmt, oder was unmittelbares Objekt der Wahrnehmung, des Denkens oder des Verstandes ist."[6] Die Schlüsselworte dieses Zitats sind hierbei "in sich selbst" und "unmittelbar", d.h. die Idee ist ein direktes Produkt autonomer, geistiger Operationen und bezieht sich auf all das, was Sensationen oder Wahrnehmungen in

---

[1] Lambert Wiesing (Hrsg.), *Philosophie der Wahrnehmung- Modelle und Reflexionen*, Franfurt am Main: Suhrkamp, Verlag 2002, S.75
[2] Ebd. S.75
[3] Ebd. S.87
[4] Ebd. S.76
[5] Ebd. S.84
[6] Ebd. S.81

unserm Verstande sind. Die "Qualität" hingegen ist für Locke die "Kraft" oder der "Impuls"[7] eines Gegenstandes eine bestimmte Idee zu erzeugen. Hierbei ist der Geist von dem äußeren Wirkmechanismus dieser Gegenstände abhängig, welcher für die Ideen unabdingbar und notwendig ist. Als Beispiel für einen solchen Gegenstand führt Locke einen Schneeball an, der durch seine Qualität in uns die Idee von "weiß", "rund" und "kalt" hervorruft. In diesem Zusammenhang führt Locke desweiteren seine Unterscheidung zwischen primären und sekundären Qualitäten ein, welche uns in dieser Arbeit in besonderem Maße beschäftigen soll. Primäre Qualitäten sind für Locke solche, welche von den Gegenständen, denen diese Qualitäten innewohnen "völlig untrennbar" sind. Sie sind konstitutiv mit diesen Gegenständen verbunden und werden von diesen "dauernd beibehalten"[8], weswegen Locke sie auch als "ursprüngliche Qualitäten" bezeichnet. So kann beispielsweise ein Weizenkorn durch einen Mörser oder eine Mühle in noch so kleine, sinnlich nicht mehr wahrnehmbare Teilchen zerlegt werden, ohne dass ihm jedoch seine ursprünglichen Qualitäten der "Festigkeit", "Ausdehnung", "Gestalt" oder "Beweglichkeit" genommen werden könnten. Betrachten wir als nächstes Lockes Bestimmung der "sekundären Qualitäten". Diese beschreibt er ebenfalls als "Kräfte", die durch, "vermittels" der in ihnen wirkenden primären Qualitäten bestimmte Sensationen in uns zu erzeugen vermögen. Art und Charakter der Ideen dieser sekundären Qualitäten hängen somit von den primären Qualitäten ab, welche ihre "Ursache"[9] sind. Beispiele für sekundäre Qualitäten sind "Farben", "Töne" oder "Geschmacksarten". Dieses Zusammenspiel primärer und sekundärer Qualitäten lässt sich vielleicht folgendermaßen veranschaulichen: Die "Geschmacksart" einer Pizza, beispielsweise, ist von ihrer "Beschaffenheit" also von ihren Zutaten oder ihrer Zubereitung abhängig. Zur Sensation eines Tones gelangen wir durch dessen bestimmte Amplitude und Frequenz ("Bewegung der Teilchen"; Schwingung). Zu Ideen der primären und sekundären Qualitäten gelangen wir durch die "Einwirkung sinnlich nicht wahrnehmbarer Partikel auf unsere Sinne"[10], wie Locke es formuliert. Er behauptet folglich, dass wir nur "irrtümlicherweise" annehmen, Sensationen wie Farben, Gerüche, Geschmacksarten oder Töne besäßen irgendeine reale Existenz, während sie nach Lockes Auffassung "nichts anderes als Kräfte"[11] sind, die in uns jene Sensationen hervorbringen. Diese These verbunden mit der oben

---

[7] Ebd. S.82
[8] Ebd. S.81
[9] Ebd. S.85
[10] Ebd. S.83
[11] Ebd. S.83

erwähnten Behauptung der Abhängigkeit sekundärer Qualitäten von primären Qualitäten führt Locke zu folgender Schlussfolgerung: "Die Ideen der primären Qualitäten" von Körpern oder Gegenständen sind deren Ebenbilder und in ihnen real vorhanden. Hingegen haben die Ideen, die wir durch die sekundären Qualitäten erlangen, mit den Körpern, von denen sie aus wirken, keinerlei Ähnlichkeit. Ein Beleg für diesen Schluss sieht Locke in dem Wesen des Feuers, welches gleichzeitig, je nachdem in welcher Entfernung wir uns befinden, einerseits in uns die Sensation der Wärme anderseits die "ganz anders geartete"[12] Sensation des Schmerzes erzeugt. Wärme als primäre Qualität des Feuers ist in ihm als reale Eigenschaft ursprünglich vorhanden, unsere Idee des Schmerzes hingegen nicht. In diesem Falle legen wir diese Idee vielmehr in das Feuer hinein, weil es, wie beschrieben, unter gewissen Bedingungen in der Lage ist in uns die Sensation des Schmerzes auszulösen. Im Zuge dieser Beobachtungen fügt Locke dem Begriff der primären Qualitäten ein weiteres wesentliches Merkmal hinzu, dem des Realen. Primäre Qualitäten sind somit sowohl *ursprüngliche* als auch *reale* Qualitäten, da sie ursprünglich und real in "ihren" Körpern vorhanden sind. Im Laufe seiner Argumentation zählt Locke verschiedene Beispiele auf, die seine These veranschaulichen und uns von ihrer Gültigkeit überzeugen sollen. So ist der Umstand, dass uns beispielweise "dasselbe Wasser in demselben Augenblick an der einen Hand die Kälte, an der anderen die der Wärme zu erzeugen vermag"[13] allein darauf zurückzuführen, dass die Sensation der Kälte bzw. Wärme Ideen der sekundären Qualitäten darstellen und somit nicht in dem Wasser selbst real vorhanden sind.

Diese, wie ich finde, äußerst interessante und bedenkenswerte Konzeption John Lockes werden wir in dem folgenden Abschnitt nun mit dem Gegenentwurf des irischen Philosophen George Berkeley in Beziehung setzen, welcher uns einen weiterführenden Einblick in diesen grundlegenden philosophischen Diskurs gewähren soll.

2) George Berkeleys Philosophie des Immaterialismus als Gegenentwurf zu John Lockes Ideenlehre

Ein wesentlicher Teil in Berkeleys "Abhandlung über die Prinzipien menschlicher Erkenntnis" nimmt die kritische Auseinandersetzung mit Lockes Konzeption "abstrakter, allgemeiner Ideen"[14] ein. Auf der Grundlage dieser Auseinandersetzung entwickelt Berkeley seine Kritik an der

---

[12] Ebd. S.84
[13] Ebd. S.86
[14] George Berkeley, *Eine Abhandlung über die Prinzipien der menschlichen Erkenntnis,* Stuttgart: Reclam 2005, S.20

4

Lockeschen Unterscheidung primärer und sekundärer Qualitäten. Um diese Kritik in ihrer Vielschichtigkeit zu erfassen, scheint es mir sinnvoll, den Gedankengang Berkeleys vollständig nachzuvollziehen, indem ich zunächst jene Überlegungen umreiße, die Berkeley zu der Konzeption der abstrakten Ideen anstellt. Diese Einleitung wird dem Verständnis desweiteren zuträglich sein, als Berkeley in seinem Buch selbst beschreibt, dass seine Kritik an den primären bzw. sekundären Qualitäten "von jener merkwürdigen Lehre der abstrakten Ideen abhängt." [15] Für Berkeley sind viele Probleme und Verwirrungen, die in der Philosophie vorherrschen nicht so sehr auf die Undurchsichtigkeit des Gegenstandes oder das Unvermögen des Verstandes zurückzuführen, als vielmehr auf das Zugrundelegen und Anwenden "falscher Prinzipien". [16] Ein großes Übel sieht Berkeley in diesem Zusammenhang in der insbesondere von John Locke forcierten Konzeption abstrakter Ideen. Berkeley vertritt die Auffassung, dass es so etwas wie abstrakte Ideen nicht geben kann. Das wohl bekannteste Beispiel, welches Berkeley zur Veranschaulichung der "Unmöglichkeit abstrakter Ideen" [17] anführt, ist das eines Dreiecks. Werden wir aufgefordert uns dieses geometrische Gebilde vorzustellen, so haben wir davon nicht etwa eine abstrakte Idee in unserem Geiste, sondern denken vielmehr an ein bestimmtes, konkretes Dreieck, dass die "Gattung" der Dreiecke repräsentiert. Wir können also niemals eine Idee von einem Gegenstand oder Körper gewinnen, die sich nicht auf einen konkreten, real existierenden Gegenstand oder Körper stützen würde. Von dieser Erkenntnis ausgehend, stellt Berkeley die von Locke eingeführte Unterscheidung zwischen primären und sekundären Qualitäten in Frage. Interessanterweise geht er dabei von beinah denselben Prämissen aus, die auch Locke bereits in seiner Abhandlung für die Begründung seiner Thesen verwendet hatte. So ist auch Berkeley der Auffassung, dass "eine Idee haben genau dasselbe wie wahrnehmen ist!" [18] Seine Kritik zielt zunächst auf die Behauptung Lockes, die Ideen primärer Qualitäten seien Ebenbilder der Körper und real in ihnen vorhanden. Auf diese Behauptung reagiert Berkeley folgendermaßen, er schreibt: "Eine Idee kann nur einer Idee ähnlich sein, eine Farbe oder Gestalt nur einer anderen Farbe oder Gestalt." [19] Zu dieser Feststellung kann jeder gelangen, der "einen kurzen Blick" auf seine Gedanken wirft; hierbei wird es unmöglich sein eine "andere Ähnlichkeit als die zwischen unseren Ideen vorzustellen." [20] Dieser Behauptung schließt Berkeley eine weitere

---

[15] Ebd. S. 41
[16] Ebd. S.13
[17] Ebd. S.30
[18] Ebd. S.39
[19] Ebd. S.39
[20] Ebd. S.39

Frage an, die mit der Wahrnehmung eng verknüpft ist: Er fragt, ob die Körper und Gegenstände, die reale Abbilder unserer Ideen primärer Qualität darstellen sollen ihrerseits wahrnehmbar sind.

Sind diese wahrnehmbar, so können sie in uns Ideen erzeugen, sind sie es jedoch nicht, so sollte man sich, laut Berkeley, die Frage stellen, ob es Sinn macht diese Ideen mit etwas "Unsichtbarem" oder "Unantastbarem"[21] in Beziehung bzw. gleichzusetzen. Auch dieser Gedankengang soll die Absurdität Lockes Konzeption Ideen primärer Qualitäten untermauern. Aus diesen Überlegungen schlussfolgert Berkeley nämlich, dass primäre Qualitäten, wie z.b. 'Ausdehnung', 'Gestalt' oder 'Bewegung' nur Ideen sind, die im Geist existieren und sie folglich nicht als Ebenbilder in einer "nichtdenkenden Substanz"[22] existieren können. Auf Grundlage dieser Konklusion argumentiert Berkeley weiter, dass Lockes Konzeption von Ideen primärer Qualität mit derjenigen der Ideen sekundärer Qualität logisch nicht verträglich sein kann. Locke hatte beschrieben, dass seiner Ansicht nach Ideen sekundärer Qualitäten wie 'Farbe', 'Töne', 'Geschmack' etc. Sinnesempfindungen seien, die nur im Geist existieren und durch die Ideen primärer Qualitäten hervorgerufen werden. Wenn jedoch diese "ursprünglichen Qualitäten" und die "Sinnesqualitäten"[23], wie Berkeley diese Qualitäten seinerseits nennt im Geiste so konstitutiv miteinander zusammenhängen, dann ist dies ein weiterer Beleg dafür, dass Ideen primärer Qualitäten unmöglich außerhalb des Geistes existieren können. Vorstellungen von Ausdehnung oder Bewegung eines Körpers sind immer von entsprechenden anderen Sinnesqualitäten begleitet. "Ausdehnung, Gestalt und Bewegung sind unvorstellbar, wenn sie von allen anderen Qualitäten abstrahiert werden."[24], so Berkeley. Als Konsequenz dieser Überlegungen wird Lockes Konzeption der primären und sekundären Qualitäten hinfällig, da primäre Qualitäten wie Ausdehnung, Gestalt oder Bewegung nicht die Ursache unserer Sinnesempfindungen (sekundäre Qualitäten) sein können; die von Locke vertretene Auffassung, sekundäre Qualitäten seien die Wirkungen von Kräften primärer Qualitäten muss somit "gewiss falsch sein"[25].

Diese, wie ich finde, äußerst interessante "Reaktion" Berkeleys auf die Lockesche Unterscheidung von primären und sekundären Qualitäten, wird verständlich und einsichtig werden, wenn wir uns seine eigene, besondere Wahrnehmungsphilosophie vergegenwärtigen, deren Grundlage gerade jene Auseinandersetzung mit Locke darstellt und die bereits ansatzweise

---

[21] Ebd. S.39
[22] Ebd. S.40
[23] Ebd. S.40
[24] Ebd. S.41
[25] Ebd. S.50

in dem beschriebenen Gegenentwurf zum Ausdruck kommt. Im weiteren Verlauf seiner 'Abhandlung' greift Berkeley in unverkennbarer Anspielung auf Locke jene Vorstellung auf, welche die "sorgfältigsten Philosophen" von der "materiellen Substanz"[26] haben. Locke hatte in seinem Buch jene Substanz als "Träger" von Qualitäten oder "Akzidenzien" beschrieben, durch welche wir einfache Ideen gewinnen. Er wies jedoch darauf hin, dass dieser Träger "unbekannt" sei und wir davon "überhaupt keine deutlichen Ideen haben."[27] Berkeley interpretiert diese Beschreibung so, dass mit der Substanz die "Idee des Seienden im allgemeinen" gemeint sein muss. Diese Erklärung ist für Berkeley jedoch nicht nur unbefriedigend, sondern scheint für ihn auch die "allerunbegreiflichste"[28] zu sein. Jene Kritik an dieser Erklärung materieller Substanzen können wir nun mit der Kritik Berkeleys an der Unterscheidung zwischen primären und sekundären Qualitäten in Beziehung setzen. Hinter diesen verbirgt sich seine philosophische Grundkonzeption des *Immaterialismus*, als dessen Begründer er gilt. Dieser Konzeption zufolge gibt es keine materielle Außenwelt, sie ist eine bloße Erscheinungswirklichkeit, ein Produkt unseres Geistes bzw. Bewusstseins. Daraus ergibt sich nun schließlich Berkeleys sehr spezielle Wahrnehmungsphilosophie. Wir hatten oben gesehen, dass Berkeley die Auffassung Lockes teilt, dass "Wahrnehmen und Ideen haben ein und dasselbe sind." "Überall, wo Empfindung oder Wahrnehmung ist, wird wirklich eine Idee erzeugt und ist im Verstand gegenwärtig". Berkeley geht jedoch einen großen, gewichtigen Schritt weiter als Locke: Er schreibt der Wahrnehmung eine fundamentale Bedeutung für die Existenz zu! Diese kommt in dem berühmten Ausspruch Berkeleys *"esse est percipi (vel percipere)"[29] - "Sein heißt Wahrgenommenwerden (oder Wahrnehmen)"* zum Ausdruck. Danach konstituiert sich die Existenz äußerer Gegenstände dadurch, dass wir sie wahrnehmen, d.h. sie existieren nur, insofern sie wahrgenommen werden. Mit diesem "Lobspruch auf die Wahrnehmung", der sicherlich zu den wichtigsten und bekanntesten Sätzen in der Wahrnehmungsphilosophie gehört, würde ich gerne meine Darstellung dieser Kontroverse zwischen den beiden großen englischsprachigen Empiristen Locke und Berkeley beschließen.

In einem letzten, kurzen Schritt werde ich nun versuchen, zu dieser Kontroverse selbst Stellung zu beziehen.

---

[26] Ebd. S.44
[27] Lambert Wiesing (Hrsg.), *Philosophie der Wahrnehmung- Modelle und Reflexionen*, Franfurt am Main: Suhrkamp, Verlag 2002, S.91
[28] George Berkeley, *Eine Abhandlung über die Prinzipien der menschlichen Erkenntnis*, Stuttgart: Reclam 2005, S.44
[29] Ebd. S.37

3) Stellungnahme

Ich bin der Auffassung, dass Lockes Unterscheidung zwischen *Ideen* und *Qualitäten* prinzipiell sehr wichtig und hilfreich ist, insbesondere aus dem Grunde, da sie der oben erläuterten Gefahr entgegenwirkt, Gegenstände mit Ideen derselben gleichzusetzen. Die jedoch von Locke vorgenommene weiterführende Differenzierung in primäre und sekundäre Qualitäten halte ich ebenso wie Berkeley problematisch und irreführend. Denn, wieso sollen Ideen primärer Qualitäten konstitutiv in den Gegenständen vorhanden sein, die Ideen sekundärer Qualitäten aber gar nichts mit diesen gemein haben? Zu den Ideen beider Qualitäten gelangen wir gleichermaßen dadurch, dass sie in unserem Geiste verarbeitet und interpretiert werden. Somit kann die Idee der 'Ausdehnung' und 'Gestalt' eines Körpers, ebenfalls eine rein subjektive, von dem Gegenstand völlig unabhängige Angelegenheit sein. Infolgedessen halte ich die von Berkeley vorgenommene Kritik an dieser Unterscheidung für sehr stichhaltig und äußerst gut durchdacht. Die sehr radikale, idealistische Position des Immaterialismus, die Berkeley vertritt, gibt nichtsdestotrotz seinerseits sicherlich einigen Anlass zu Kontroversen. Denn es lässt sich mit großem Recht anzweifeln, dass nur die Gegenstände existieren, die wir wahrnehmen (können), dies ist gewiss nicht der Fall; denkt man z.b. an Mikroorganismen, die für das menschliche Auge nicht zu erkennen und in dem Sinne nicht wahrnehmbar sind, gleichwohl sie unbestreitbar existieren.

Jedoch stößt bei mir der oben zitierte Ausspruch Berkeleys, (der im Übrigen strukturell sehr dem "Cogito ergo sum" ähnelt) auf gewisse Zustimmung. Ich glaube, dass in diesem Gedanken eine Wahrheit verborgen liegt, die sich auf andere Disziplinen, wie z.b. die Soziologie oder Psychologie übertragen lässt und in diesen gleichsam Gültigkeit erlangt. Wendet man ihn nämlich in Bezug auf Individuen, d.h. Menschen an- in dem Sinne "Ich werde wahrgenommen, also bin ich" - so scheint er gar nicht so abwegig. Die Existenz, das Vorhandensein, oder Dasein von Individuen kann auf einer 'subtilen Ebene' davon abhängen, ob man diese Individuen wahrnimmt und ihnen Beachtung schenkt, oder sie missachtet und ignoriert. Wenn man als Individuum missachtet und übergangen wird, so fühlt man sich als dieses nicht für voll (wahr)genommen. Dies soll an dieser Stelle aber nur als eine kleine Nebenbemerkung verstanden werden, auch lässt sich hierbei über meine vorausgesetzte Äquivokation von Wahrnehmung und Beachtung gewiss streiten.

So lässt sich abschließend sagen, dass sich in dieser Kontroverse, welche ich hoffentlich interessant und verständlich darstellen konnte, einige wesentliche Grundfragen für die

Wahrnehmungsphilosophie manifestieren, die einen weitreichenden Einfluss auf nachfolgende Auseinandersetzungen mit dieser philosophischen Richtung ausgeübt haben.

Lightning Source UK Ltd.
Milton Keynes UK
UKIC031410040619
343817UK00001B/22